Hallo!

In der Geschichte findest du an einigen Stellen Profifragen zum Text.

Deine Antworten kannst du mit einem Lesezeichen überprüfen. Das kannst du hinten aus dem Buch herausnehmen.

Es ist dein Lösungsschlüssel!

Aus Verantwortung für die Umwelt hat sich der Fischer Kinder- und Jugendbuch Verlag zu einer nachhaltigen Buchproduktion verpflichtet. Der bewusste Umgang mit unseren Ressourcen, der Schutz unseres Klimas und der Natur gehören zu unseren obersten Unternehmenszielen.

Gemeinsam mit unseren Partnern und Lieferanten setzen wir uns für eine klimaneutrale Buchproduktion ein, die den Erwerb von Klimazertifikaten zur Kompensation des CO_2-Ausstoßes einschließt.

Weitere Informationen finden Sie unter: www.klimaneutralerverlag.de

Weitere Informationen zum Kinder- und Jugendbuchprogramm der S. Fischer Verlage finden Sie unter: www.fischerverlage.de

4. Auflage 2021

Erschienen bei FISCHER Duden Kinderbuch

Fachberatung: Ulrike Holzwarth-Raether
Gestaltungskonzept: Farnschläder & Mahlstedt, Hamburg
Layout: Michelle Vollmer, Mainz
Umschlagkonzept: Frauke Schneider, Wittighausen
Umschlaglayout: Mischa Acker, Brühl

Druck und Bindung:
Grafisches Centrum Cuno GmbH & Co. KG, Calbe
Printed in Germany
ISBN 978-3-7373-3416-7

Leseprofi

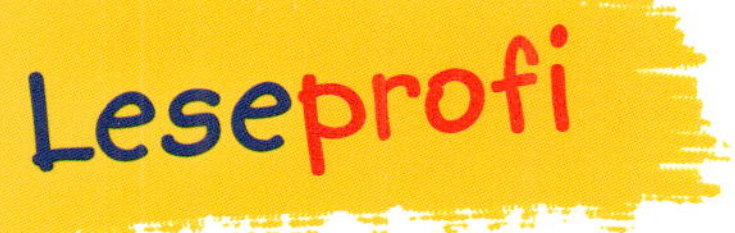

Schaurige Geschichten vom
Meerschweinchenvampir

Text und Bilder von Christine Goppel

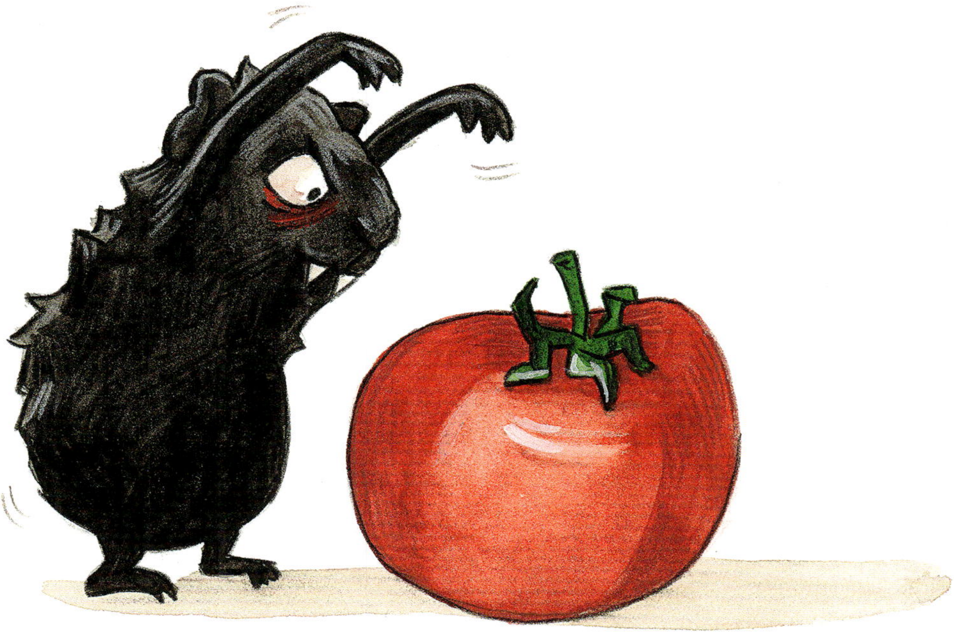

FISCHER Duden Kinderbuch

Inhalt

Der Vampir
blutunter-
laufene Augen
spitze Zähne
schwarzer
Umhang
Nahrung: Blut
Beruf: Graf
Herkunft: Transsylvanien

Anna und der Meerschweinchenvampir

Vampire sind
grausame Geschöpfe der Nacht,
totenbleiche Blutsauger
in schwarzen Umhängen.
Alle fürchten sich vor ihnen.
Nur nicht Anna.

Anna weiß alles über Vampire.
Sie läuft den ganzen Tag
in einem schwarzen Umhang herum.
Nachts legt sie sich in ihren Sarg
im Keller ihres Schlosses.

Na ja, eigentlich
ist der Sarg ihr Bett,
das sie schwarz angemalt hat.
Der Keller ist ihr Kinderzimmer
und das befindet sich
im ersten Stock des Hauses,
in dem Anna mit Mama und Papa wohnt.
Und Anna ist natürlich
kein echter Vampir,
obwohl sie sich alle Mühe gibt.

„Anna ist verrückt!“,
sagt Paula deswegen eines Tages.
Paula geht in Annas Klasse.
„Warum denn?“, fragt Anna.
„Jemand, der wie ein Vampir
in einem schwarzen Umhang herumläuft,
der ist ja wohl verrückt“,
antwortet Paula.
Die anderen Kinder lachen.
Anna wirft sich ihren Umhang über
die Schulter und wendet sich stolz ab.
Mit so gemeinem Volk wollen
edle Vampire gar nichts zu tun haben.

Aber ganz tief drinnen
ist Anna traurig,
dass niemand mit ihr spielen will.
Auch Vampire können einsam sein.

Profifrage 1

Was stimmt? Anna wendet sich …

- stolz ab.
- beleidigt ab.
- traurig ab.

Am Abend sagt Anna:
„Papa, ich will einen Vampir."
„Wozu denn das?", fragt Papa erstaunt.
„Zum Spielen", sagt Anna.
Manchmal können Eltern
echt doofe Fragen stellen.
„Ach so, einen Spielzeugvampir",
sagt Papa.
„Nein, einen lebendigen natürlich."

„Und wo sollen wir den bitte hernehmen?", fragt Papa.
„Na, kaufen", sagt Anna.
Papa schaut Anna lange an.
„Ach, Anna", seufzt er und streicht ihr über die Haare.

Als Anna am nächsten Tag
von der Schule nach Hause kommt,
ist Papa schon da.
„Anna, komm mal her.
Ich hab dir was mitgebracht“, sagt er
und grinst geheimnisvoll.
Er führt Anna in ihr Zimmer.
„Da ist jemand, der
mit dir spielen möchte.“

Auf dem Bett steht
ein kleiner Pappkarton.
Vorsichtig öffnet Anna den Deckel.
Und tatsächlich, da sitzt jemand drin.
Er ist schwarz. Schwarz wie die Nacht.
Seine Zähne sind weiß und scharf
und seine Augen blitzen edel
und grausam zugleich.
Wie bei einem echten Vampir.
Ansonsten könnte man ihn fast
mit einem Meerschweinchen verwechseln.

„Ein Meerschweinchenvampir!“, ruft Anna. „Danke, danke, danke!“ Sie fällt ihrem Papa um den Hals. „Ich werde ihn Graf Dracula nennen.“

Profifrage 2

Weißt du es?
Annas neuer Spielkamerad ist …

- schwarz wie der Teufel.
- schwarz wie die Nacht.
- schwarz wie Ebenholz.

Papa schaut irgendwie komisch,
aber Graf Dracula
scheint der Name zu gefallen.
Er streckt sein schwarzes Näschen
aus der Kiste
und schnuppert an Annas Hand.
„Herzlich willkommen
in Ihrem neuen Heim“, sagt Anna.
„Leider ist unser Schloss
nicht sehr groß, aber wir werden
versuchen, es Ihnen so angenehm
wie möglich zu machen.“

Als Erstes braucht
Graf Dracula einen Sarg.
Papa hat noch ein paar
alte Bretter im Keller.
Anna und er sägen und hämmern
den ganzen Nachmittag.
Zum Schluss malt Anna
den Sarg schwarz an.
Papa füllt weiche Sägespäne
und Heu hinein.

Noch am selben Abend
kann Graf Dracula einziehen.
Anna stellt den kleinen Sarg
neben ihren.
Wenn sie die Hand ausstreckt, kann sie
Graf Draculas weiches Fell spüren.
Überglücklich schläft Anna ein.

Graf Dracula ist wirklich
ein fabelhafter Vampir.
Sein schwarzes Fell passt wunderbar
zu Annas Umhang.
Und klug ist er auch,
denn an Annas Vampirbüchern
knabbert er am liebsten.
Wenn es regnet, lesen sie gemeinsam
Gruselgeschichten.
Abends schleichen sie ums Haus und
lauern ahnungslosen Nachbarn auf.

Jeden Abend vor dem Schlafengehen
bringt Mama blutroten Tomatensaft
an die Särge.
Vampire sind Blutsauger
und müssen ordentlich ernährt werden.
Nicht dass Graf Dracula nachts
hungrig wach wird und heimlich
irgendwelche Leute beißt und aussaugt!
Das wäre nicht so gut.
Obwohl … bei Paula wäre es
nicht ganz so schlimm,
die könnte er gerne mal austrinken,
denkt Anna.

Paula ist nämlich ziemlich oft
ziemlich fies zu Anna.
Dann kommt Anna ganz traurig
aus der Schule.
Zum Glück ist Graf Dracula
ein echter Edelmann.
Er weiß genau, wie man die Tränen
von edlen Vampirdamen trocknet.
Nämlich mit einer kleinen,
heißen Meerschweinchenvampirzunge.

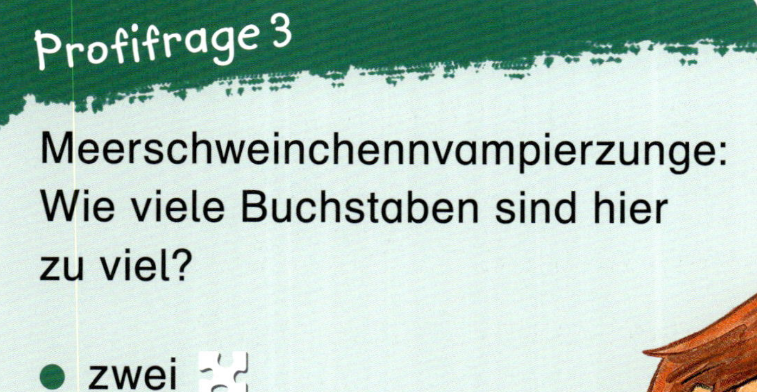

Profifrage 3

Meerschweinchennvampierzunge:
Wie viele Buchstaben sind hier
zu viel?

- zwei
- vier

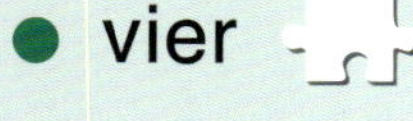

- drei

Heute ist ein besonderer Tag:
Jedes Kind darf sein Haustier
mit in die Schule bringen
und der ganzen Klasse vorstellen.
Anna nimmt natürlich Graf Dracula mit.
Als sie das Klassenzimmer betritt,
sitzen schon überall
irgendwelche Tiere herum.

Es ist ordentlich was los.
Tobis kleiner Hund
hat in die Ecke gepinkelt.
Klaras Katze sitzt
vor dem Glas mit Magdalenas Frosch
und leckt sich das Maul.
Und der Wellensittich von Leon
fliegt Kreise um die Lampe.
Auf Paulas Tisch sitzt still und brav
ein schneeweißes Kaninchen und
mümmelt an einem Löwenzahn.

Die Lehrerin klatscht in die Hände
und bittet Magdalena anzufangen.
Magdalena nimmt das Glas
mit ihrem Frosch und geht nach vorne.
„Das ist Günther“, sagt Magdalena.
„Er ist ein Jahr alt
und wohnt in unserem Gartenteich.“
Sie holt Günther aus dem Glas heraus.
„Uh, der sieht aber glitschig aus!“,
ruft Leon.
Alle Kinder dürfen nach vorne kommen
und sich Günther genau anschauen.

„Danke, Magdalena“, sagt die Lehrerin.
„Anna, magst du weitermachen
und uns etwas über dein
Meerschweinchen erzählen?“
„Das ist kein Meerschweinchen“,
sagt Anna. „Das ist ein
Meerschweinchenvampir.“
Alle lachen.
„Vampire gibts doch gar nicht.
Anna ist verrückt!“,
ruft Paula.
Aber Anna redet tapfer weiter:
„Er heißt Graf Dracula“.

„Cool!“, ruft Tobi.
„Vampire sind
grausame Geschöpfe
der Nacht,
alle haben Angst vor ihnen.
Am liebsten gehen wir zusammen
Leute erschrecken“, fährt Anna fort.
Alle Kinder hören gebannt zu.
Nur Paula guckt weg,
als würde sie das alles
nicht interessieren.

„Darf ich ihn mal anfassen?“,
fragt Magdalena.
„Ja, gerne“, sagt Anna.
Graf Dracula sitzt stolz
auf Annas Hand
und genießt die Aufmerksamkeit.
Jeder darf ihn mal streicheln.
„Seid höflich zu ihm,
er ist schließlich ein Graf“,
sagt Anna.

Profifrage 4

Was hat Anna gesagt?
„Am liebsten gehen wir
zusammen …

- Leute beißen.“
- Leute erschrecken.“
- Blut saugen.“

Klara macht sogar einen Knicks
und sagt: „Es ist mir eine große Ehre,
Sie kennenzulernen, Herr Graf."
„Vielen Dank für deinen Vortrag, Anna",
sagt die Lehrerin lächelnd.
„Du hast wirklich
ein ganz besonderes Haustier."

In der Pause scharen sich
die Kinder um Anna.
„Weißt du, Günther ist eigentlich
auch kein normaler Frosch“,
sagt Magdalena. „In echt ist er
ein Prinz. Wenn ich alt genug bin,
dann küss ich ihn,
und dann verwandelt er sich.“
„Und mein Wellensittich ist eigentlich
ein Drachenvogel“, sagt Leon.
„Er kann Feuer speien. Im Sommer
grillen wir vor seinem Schnabel
Würstchen!“

Bei der Vorstellung muss Anna lachen und alle Kinder lachen mit.

„Mein Hund ist eigentlich ein Riesenhund“, sagt Tobi. „Aber tagsüber macht er sich absichtlich klein, damit nicht alle vor Angst wegrennen, wenn ich mit ihm spazieren gehe.“

Paula sitzt allein an ihrem Tisch.
„Und was ist dein Kaninchen
in Wirklichkeit?“, fragt Magdalena.
Paula schaut erschrocken auf.
Alle blicken sie erwartungsvoll an.
Paula wird ganz rot im Gesicht.
Anna hat fast ein bisschen Mitleid.
„Ich weiß nicht, keine Ahnung“,
stammelt Paula. „Es ist einfach
ein Zwergkaninchen.“

„Du meinst, es ist eigentlich so klein wie ein Zwerg?“, fragt Anna.
Paula lächelt schief.
„Na ja … ich weiß nicht.“
„Ist es normalerweise so richtig klitzeklein und macht sich nur tagsüber ein bisschen größer, damit man nicht aus Versehen drauftritt?“, fragt Tobi.

„Mhm … nun ja. Ja“, sagt Paula.
„Ach“, ruft Anna erstaunt. „Ich wusste ja gar nicht, dass du auch verrückt bist!“
Paula starrt Anna mit großen Augen an.
Anna grinst. Die anderen lachen.
Und Paula bleibt nichts anderes übrig, sie muss einfach mitlachen.

Am Abend sitzen Anna und Graf Dracula nebeneinander und schlürfen ihren Tomatensaft.
„Werter Graf“, sagt Anna da.
„Ich glaube, heute war mein schönster Schultag.“
Sie nimmt Graf Dracula auf den Arm und flüstert ihm ins Ohr:
„Das habe ich nur Ihnen zu verdanken.“
Und Graf Dracula, der Edelmann, knabbert zärtlich an ihrer Nase.

Der Meerschweinchenvampir
blitzende Augen
schwarzes Fell
spitze Zähne
Nahrung: alles, was blutrot ist
Tarnung: als harmloses Meerschweinchen
Name: Graf Dracula

Die Rache des Meerschweinchenvampirs

Vampire sind
grausame Geschöpfe der Nacht.
Alle fürchten sich vor ihnen.
Nur nicht Anna.
Die hat sogar einen bei sich zu Hause.
Er heißt Graf Dracula
und wohnt in Annas Zimmer.
Allerdings könnte man ihn fast
mit einem Meerschweinchen verwechseln.

Am liebsten gehen Anna und Graf Dracula zusammen Leute erschrecken.
Am zweitliebsten gruseln sie sich bei schaurigen Vampirgeschichten.
Oder wenn ein Gewitter ums Haus tobt.
Oder in der Geisterbahn.

Heute haben sie Glück.
Es ist zwar kein Gewitter in Sicht,
aber in der Stadt ist Jahrmarkt.
Und dort gibt es das „Spukschloss“,
eine besonders große Geisterbahn.
Anna zieht ihren schwarzen Umhang an
und sucht ihr Taschengeld zusammen.
Graf Dracula darf
in ihrer Fledermaustasche sitzen.

Auf dem Jahrmarkt ist
ordentlich was los.
Die Leute
drängeln sich
vor den Buden
und Fahrgeschäften.
Musik dröhnt
aus riesigen Boxen.
Alles glitzert und blinkt
aus tausend Glühbirnchen.

Hier riecht es nach Popcorn,
dort nach gebrannten Mandeln.
Mmm! Anna weiß gar nicht,
wo sie zuerst hingehen soll.
Aber Graf Dracula schnuppert
in eine bestimmte Richtung.
Aha! Jetzt riecht Anna es auch:
Pommes. Pommes mit blutrotem
Tomatenketchup!
Genau das Richtige
für Meerschweinchenvampire.

Anna folgt dem Geruch und bald steht sie vor der Pommesbude. Anna bestellt eine Portion mit extra viel Ketchup. Sofort stürzt sich Graf Dracula darauf und Anna macht es ihm nach. „Vorzüglich, Herr Graf, nicht wahr?“

Da winkt ihr jemand zu.
Es ist Tobi
aus Annas Klasse.
Anna zeigt ihm
ihr schönstes Ketchuplächeln.
Doch Tobi ist nicht allein.
Paula ist auch dabei.
Die ist in der Schule immer
so gemein zu Anna.

Tobi fragt Anna:
„Kommst du mit in die Achterbahn?"
Wie immer beginnt Paula
sofort zu sticheln:
„So bleich wie du bist,
wird dir doch sicher speiübel."
Aber Anna hört einfach nicht hin.
Liebend gerne will sie mit Tobi
Achterbahn fahren!

Profifrage 5

Welche Bedeutung von „sticheln" passt?

- eine spitze Bemerkung machen

Also steigen Anna und Graf Dracula mit in die „Wilde Fledermaus“. Die Wagen tuckern in schwindelerregende Höhen. „Aufgepasst! Hier kommen Vampire im Sturzflug!“, ruft Anna. Dann sausen die vier mit rasender Geschwindigkeit in die Tiefe.

- mit kleinen Stichen nähen 
- eine Stickerei anfertigen

Auch beim Dosenwerfen machen alle mit.
Anna trifft zwar,
aber nicht jede Dose fällt um.
Paula wirft dreimal –
und dreimal daneben.
Tobi kann super werfen. Alle Dosen
fallen schon beim ersten Wurf um.

Also darf er sich was aussuchen.
Er nimmt ein kleines Plastik-Skelett
und eine Gummifledermaus.
Das Skelett schenkt er Anna,
die Fledermaus will er Paula schenken.
Aber Paula mag sie nicht.
„Ich bin doch kein verrückter Vampir
wie Anna“, grummelt sie.

Jetzt kommen die vier zur Geisterbahn.
Mit leuchtenden Augen
steht Anna vor dem Spukschloss.
Von drinnen hört man Schreie,
ein dumpfes Wummern und Ächzen.

Vor der Kasse fasst Tobi Anna am Arm.
„Wollen wir nicht lieber
mit dem Riesenrad fahren?“, fragt er.
„Hast du Angst?“,
fragt Anna überrascht.
Tobi wirkt verlegen.
„Haha! Tobi ist ein Angsthase!“,
ruft Paula laut.
Tobi sieht sehr unglücklich aus.
„Bin ich nicht“, sagt er leise
und kauft sich tapfer ein Ticket.
Tobi tut Anna leid.

Paula ist schon eingestiegen.
Jeder sitzt nun für sich
in einem lila Drachenwagen.
Annas Wagen fährt zuerst los
und wird sofort vom riesigen Maul
eines Monsters verschluckt.

Es ist stockdunkel,
weißer Nebel wabert um den Wagen.
Heulende und grummelnde Monster
warten schon auf ihre Opfer.
Bamm! Ein lauter Knall.
Anna zuckt zusammen.
Hinter sich hört sie Tobi schreien.

In rotem Flammenlicht
fletscht ein Werwolf
seine spitzen Zähne.
„Na, Tobi? Machst du dir
schon in die Hose?“,
ruft Paula von Weitem.

Profifrage 6

Was bedeutet
das Zähnefletschen?

- Der Werwolf
beißt zu.

Hinter der nächsten Kurve
bleibt Annas Wagen plötzlich stehen.
Direkt vor einem riesigen Sarg.
Ein Vampir klappt heraus
und scheint sich auf Anna zu stürzen.
Anna bekommt eine herrliche Gänsehaut!

- Der Werwolf hat Hunger.
- Der Werwolf will angreifen.

Auch Graf Dracula
scheint den Vampir toll zu finden.
Mit einem Satz
springt er aus dem Wagen.
„Herr Graf, was haben Sie vor?“
Anna steigt schnell aus,
bevor der Wagen weiterfährt.
Graf Dracula
sitzt auf einem Plastikfelsen.
Seine scharfen Zähne blitzen im Dunkeln
und seine Augen leuchten frech.

Da kommt Tobi angefahren.
Er ist ganz starr vor Schreck
und kreidebleich.
Anna kann das nicht länger mit ansehen.
Als der Wagen stoppt,
fasst sie ihn vorsichtig an der Schulter.

„Tobi, ich bins, Anna. Steig aus!“
Verwirrt gehorcht Tobi.

Da schießt der Vampir
wieder aus seinem Sarg.
Tobi klammert sich an Anna.
Sie tröstet ihn.
„Der ist nur aus Plastik. Schau!“
Sie führt Tobis Hand zum Vampir.
Der Vampir wackelt und quietscht,
dann rattert er in den Sarg zurück.
„Stimmt …“,
stammelt Tobi verdutzt.

Profifrage 7

Wie heißt es genau?
Der Vampir …

- knallt aus dem Sarg.

Da hören sie Paula näher kommen.
Sie ruft: „He, Tobi,
ich hör dich gar nicht mehr.
Bist du schon in Ohnmacht gefallen?“
Schnell verstecken sich
die drei hinter dem Felsen.
Paulas Wagen kommt
um die Kurve und hält an.

- schießt aus dem Sarg.
- rattert aus dem Sarg.

Jetzt geht alles ganz schnell.
Es knallt und der Vampir
schießt aus dem Sarg.
Gleichzeitig springt ein kleines Wesen
mit furchterregendem Zischen
hinter dem Felsen hervor.

Seine scharfen Krallen verfangen sich
in Paulas Haar.
Das ist sogar für Paula zu viel.
„Hiiiilfe!“, schreit sie.
„Ein Vampir greift mich an!“

Dann fährt der Wagen wieder los
und verschwindet mit Paula im Dunkeln.
Anna und Tobi lachen,
dass ihnen die Tränen kommen.
„Herr Graf, Sie sind
ja wirklich ein Monster!“, japst Tobi.
Graf Dracula sitzt schon wieder
auf Annas Arm und sieht aus
wie ein harmloses Meerschweinchen.

Gemeinsam schleichen sie
zurück zum Eingang und
treten durch das Monstermaul ins Freie.
Draußen treffen sie Paula wieder.
Sie ist weiß wie ein Bettlaken und
hat vollkommen verstrubbelte Haare.
„Wo wart ihr denn?
Da war ein echter Vampir drin!
Der hat mich angegriffen!“
Paulas Stimme zittert.

Anna hat fast ein bisschen Mitleid.
„Meinst du vielleicht diesen Vampir?"
Anna holt Graf Dracula aus der Tasche.
Paula wird rot.
Fassungslos starrt sie Anna an.
„Ach, dein Meerschweinchen
war das", faucht sie.
„Hab ich doch gleich gemerkt."
Schon ist sie wieder ganz die Alte.

Profifrage 8

Welcher Saft würde sich
noch für Graf Dracula eignen?

- Tomaten-
saft

Nach diesem Gruselabenteuer
brauchen alle eine Stärkung.
Deshalb fragt Tobi:
„Welchen edlen Vampir darf ich
auf einen Saft einladen?
Ich meine natürlich Blutorangensaft.“
Anna ist begeistert.
Auch Graf Dracula
leckt sich schon
die Lippen.

- Rhabarbersaft
- Karottensaft

Nur Paula verzieht das Gesicht.
Sie ist immer noch beleidigt.
Da schmiegt sich Graf Dracula
an ihren Arm
und blickt ihr tief in die Augen.
So einem Edelmann kann niemand
widerstehen, nicht mal Paula.
„Na gut. Aber nur, wenn ich dazu
noch Zuckerwatte kriege“,
grummelt sie.

Die bekommt sie natürlich.
Denn auch Tobi ist ein Edelmann.
„Es ist herrlich mit euch
auf dem Jahrmarkt“, sagt Anna
und saugt glücklich an ihrem Strohhalm.
Und Graf Dracula
zeigt den ahnungslosen Blutorangen,
was ein echter
Meerschweinchenvampir ist.

SPUKSCHLOSS
1 FAHRT
1 FAHRT
FLEDERMAUS
1 PERSON

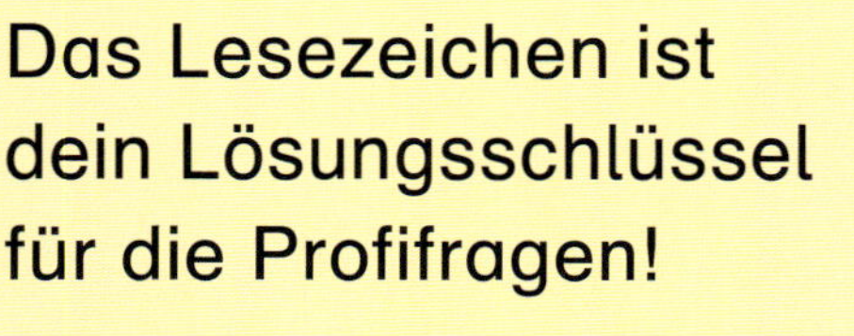

Das Lesezeichen ist dein Lösungsschlüssel für die Profifragen!

Für jede Antwort findest du ein Puzzleteil.

Wenn es zum Puzzle auf dem Lesezeichen passt, ist die Antwort richtig!